HABLA LA TIERRA

Poesía en Ofrenda de Amor a la Naturaleza

Guiomar Cantú Suárez

1 VOZ DE LAS CREACIONES

- ♥ Tan Felices
- ♥ En Ofrenda de Amor a Nuestra Tierra

2 VOCES DEL AMOR

- ♥ Mujer Estrella
- ♥ Caminante de Cielos

3 VOZ DE LAS ESENCIAS

- ♥ Habla la Tierra Premio Nacional de Poesía Ecológica, Semarnap 2000.
- ♥ Canta el Agua Premio Por el Agua con tu Palabra, Secretaría del Medio Ambiente DF y Secretaria de Cultura del DF 2006.
- ♥ Danza la Luz
- ♥ Vuela el Viento

4 VOCES DE LOS DIOSES

- ♥ Árboles de Luz
- ♥ Planta Maestra Planta Medicina

♥ Espíritu de la Rosa

♥ Tierra de Amor

5 VOCES DE INFINITO

♥ Afirmaciones de Amor a la Vida y a la Tierra

♥ Afirmaciones de Conciencia Ecológica

6 SINGING WATER

7 EL AUTOR

1 VOZ DE LAS CREACIONES

♥ Tan Felices

Ser Shamanes, avatares, maestros despiertos, magos dioses.

Tan felices. Minerales cantos de alegría, depurarse y volver como ave fénix, como cóndor, también como serpiente, y fundidos en los besos de la tierra y de los soles, somos raza de plumas y raíces, amazónicos ecos de la diosa, los mensajes de todos los futuros, geometrías sagradas alineadas, reintegración de almas al origen, todo vuelve al vacío para llenarse, todo ya desbordado se vacía, somos tributo de amor para la vida, tiempo es de asumir

que somos dioses, nuestra calma comienza, la verdad se
ha encendido en vocaciones de nítido albedrío, la
abundancia prospera, progresamos, somos evolución y
somos uno, seres poderosos y amados, infinitos, energías,
danzas, templos, cuerpos, sagrados momentos, magia
pura, somos almas de amor y somos libres, la reunión de
lo cierto y lo perpetuo, el paraíso ahora encendiendo su
cósmico equilibrio, aquí mismo, pensamientos de luz ya
dirigida, filamentos de todo lo posible.

♥ En Ofrenda de Amor a Nuestra Tierra

Madre tierra centro de mercurio de oro de platino de
fuego y de granate brillante y amor puro

rosa en deseo
árbol iluminado
tú montaña secreta en el pecho del águila en mi frente

hoy recibe mi alma mi servicio las misiones pactadas
bendiciones
hoy te entrego el éxtasis la sangre la energía la belleza
el instinto el talento y todas las creaciones

a ti cosmos semilla

abstracción de licores la videncia la luz la maravilla

que la calma sea hoy mi fortaleza

y en mis labios en canto azul de estrellas

reconecte mi centro al de la tierra

al corazón de la galaxia interna

y en geometría de cuántica alegría

las estrellas vuelvan a alinearse

las pirámides a reconfigurarse

dulce encuentro con todo lo divino

con la magia y sus multidimensiones

liberar y mirar el paraíso

habitarlo

habitarnos en todo lo que existe

hoy la ofrenda es plegaria que agradece

ramilletes de flores en rocío

el amor que se ofrece

y cual dioses de una nueva era

crear luz

ascender y volar.

*

Nace el tiempo de activar lo eterno

el planeta en sus rostros nos inspira

revela conexiones

en pulsiones sagradas

nos integra a reinos estelares

ahora llega esta luz

se descifran mensajes

miramos en los campos las señales

arco iris en cielos y en arterias

en valiente armadura de certeza

decretamos que hoy es el futuro

nuestra mente se enfoca

y la luz que emitimos atraviesa los átomos de todo

magos en este bosque

encantamientos de sílfides y hadas

poderosa energía es convocada

el paraíso florece en la tierra de nuestros corazones

jardineros de amorosas huertas

cosechamos poesía

arte de alquimia

en canasta de frutas

rosas blancas

uvas y páginas de seda

deliciosa la historia que nos crea

vuelo de ave en deseo

delineando las letras del encuentro

danza de colibrí sobre los hombros azules de las aguas.

2 VOCES DEL AMOR

♥ **Mujer Estrella**

Misteriosa criatura de mil rostros

niña de alma azul y agua de astros

tú

mujer transparente

caminante de noches

ven

canta un bosque de letras

danza un mar de aves rojas

líquidas mariposas tus esencias

eres fuente de claridad y enigma

la certeza en paz de sabiduría

laberinto que ahora se despliega

siéntete amada y anda
sé el futuro.

Hembra mística en ruta decidida
estratega en piel de sacerdotisa
hoy te llama la tierra
te bendice la luz
fuego en tus ojos
naces llena de fuerza
ya el espíritu vibra en tu plumaje.

En sensual perfección eres oleaje
el aletear del sol
un manantial de mística alegría
la razón de escribir la profecía.

Tiempo es de anunciar la epifanía
de aceptar el poder de crear la vida
de amar tus radiantes filamentos
de activar los diamantes de tus sueños

y amar
y sentir el amor

beber estrellas

y extasiarte mujer al ser poesía

luna en lagos multidimensionada

toda la belleza derramada

semilla primigenia de galaxia

es en tu corazón que creas la magia

luminoso tu espíritu encendido

luz que existe y se multidimensiona.

♥ Caminante de Cielos

Caballero guerrero de mil fuegos

danza una epifanía por tu nombre

hoy en tu corazón nace un planeta

átomos de mercurio en las turbinas

la aceleración se determina

atraviesas la piel del espejismo

sabes que esta conquista te libera.

Decidido a ascender miras adentro

equilibrio en la invocación del genio

energía reactivando tu grandeza.

Transmutada la mente

te descubres feliz

eres un héroe.

*

Ha comenzado el vuelo

horizontes de amor son tus pupilas.

Ingeniero de cumbres

en tu frente un águila despierta

los dragones protegen las estirpes

tiempo de hacer alianzas

de sanar con sonares de delfines

con pirámides y bandas de fotones.

Alineado y vibrando fortaleza

decretado en papiro te conceden los dones

en amate las artes y sobre oro las totalidades.

Hombre de bello espíritu

de corazón alegre

cólmanos con tu paz

con tu poesía

crea la conexión con la certeza

con la abundancia en doradas bendiciones

ésas son las misiones

ser la felicidad

luz poderosa

seductoras ideas

hilos de arte

el amor palpitando

universos milagros pensamientos

hombre azul hombre blanco hombre oro y platino hombre
rojo hombre amarillo verde trigo hombre marino hombre
ambarino interano de Sirio de Andrómeda de Antares
Árcturus Pláyades y Vega de Andrómeda Atlántida y
Lemuria Hombre de Venus de Marte hombre espíritu
hombre bosque hombre mar hombre de poesía y alegría
hombre hecho de verdad hombre que ama

todo ahora está bien

caminante de cielos

sabio mago oficiante de palabras

soñador de todo lo creado

creador de todo lo que amo.

*

Mientras evolucionas

una esfera violeta te rodea

baña todos tus cuerpos y tus vidas

purifica el camino en espirales

la certeza florece

te iluminas

en veloz traslación aquí amaneces

escritor de invencibles resonancias

escenarios emergen de tus manos

eres un bosque de aves prodigiosas

tinta de bendición y quetzal rojo

verde amarillo índigo turquesa

árbol marino

emperador de mágicos jardines

música entre caricias exquisitas

seducido inspirado enamorado

la confianza de ser se multiplica

se dispone el camino de los dioses

mística transparencia que se entrega.

*

Hombre de acciones nobles

concedidos tus altos ideales

dulces alas te elevan

poderoso demiurgo en tantos orbes

un sólo continente y un planeta

una galaxia unida en la conciencia.

Te hablan hoy las sirenas

hombre niño guerrero del más grande milenio

atraviesas las multidimensiones

voluntad de entender

percepciones abriendo los canales

las compuertas deslizan su escalera

sembradores de genes

pobladores y colonizadores

mil millones de razas danzan juntas

intuiciones despiertan impecables

puedes ver a través

comulgar con el alma de los tiempos.

*

Poderoso profeta de alfabetos y óperas secretas

las misiones se gestan en las letras

vamos juntos en cuántico equilibrio

es momento de ser

inteligencia total

estrategia de avance

dulce instante de transfiguraciones

los veloces sistemas del futuro

un ensamble acordado por eones

es a ti

a tus portales

al cerebro central

a los soles internos que te guían

a quien hablan ahora estos lenguajes:

Caballero de fuego

la aventura comienza

nos invita al amor

a la certeza.

3 VOZ DE LAS ESENCIAS

♥ Habla La Tierra

Premio Nacional de Poesía Ecológica 2000 SEMARNAP

Fecúndame

que en mis montañas te está esperando el cielo

y quédate a encontrar poemas abajo de mis piedras

despósame

dame tu nombre

llena mis árboles con el beso febril de los amantes
mis ríos de peces encantados
mis cuevas con la humedad de tus labios

y sálvame del Hombre
de esa raza mortal que me asesina
que quiero amar todo lo que tus manos construyan en el
aire
que mi nieve recorra tu piel
y se derritan mis siete continentes

deja que en mi garganta crezcan las aguas que llegan a tus
mares
y quédate conmigo

porque quiero pedirte que me mires
que no olvides que existe el paraíso
que mis flores son tuyas y mis playas

quiero que me obedezcas y que de madrugada te vuelvas
asesino
que una cuadra de ángeles guíe tu espada y me salve
que crucen los desiertos

que encuentren mis cenotes y marchen

a castigar a todo el que ha violado mis sentidos

al que arranca el reflejo de mis aguas

y se devora mis bosques

al que no tiene rostro

al que aniquila a mis hijos

al que oscurece mis selvas

al que envenena mi aire

al que se vuelve demonio

al que le dicen El Hombre

sálvame

que en mis arterias mil semillas están ya palpitando

ven

prende un millón de velas en mi nombre

desata una guerra

y recupera los pergaminos antiguos de las leyes sagradas

para hacer culto a mi origen

para invocar al cometa mi resurrección en cada

primavera

que en mis campos la sangre de la guerra

fertilice el deseo que hay en mis venas

y que en mi vientre se engendren mariposas

no me dejes morir

soy una hembra

soy un milagro con forma de planeta

en mis volcanes late tu corazón de ave

somos la danza en la voz del universo

créeme

estamos hechos de la misma sustancia de los sueños

vivimos unidos por el misterio de un aliento divino

cierra tus ojos   ven   que te bendigo

y que la Atlántida entera se despierte

que los dragones se duerman

que los pegasos se eleven

que las sirenas se entreguen

que los espejos liberen sus quimeras

que el unicornio regrese

que la mandrágora acalle sus gemidos

que la clepsidra detenga mi condena

y que mi delirio se desvanezca en la arena.

♥ Canta el Agua

Premio por el Agua con tu Palabra 2006

Escúchame

de mis ojos nace la voz de las evoluciones

soy las reverberaciones de la vida

la savia que fluye en las arterias

la sangre de la naturaleza.

Mírame

soy cascada salvaje entre los muslos del bosque

líquida risa en cristalización y deshielo

gota de plata en la boca de las flores.

Bébeme

para volver a ser tu misma carne

la conciencia que activa la energía

el sagrado fluir de eternidades

sustancia acuñada por el amor infinito de los dioses.

Despierta

salta del sueño de la muerte.

Levántate

tiempo es de sembrar el paraíso

de restaurar el planeta y reforestar el universo

porque el niño-árbol corre gran peligro

y la niña-selva llora al no ser virgen.

Abrázame

habita mi canto milenario

en alientos de luz danza la diosa

en mi lengua, dialectos de nereidas

en mi vientre de océanida, una perla

el amor de un dios a una sirena

es el beso del cielo derramado en la tierra en primavera.

Quédate

vamos a llovernos hasta volver a ser mar, vapor, espuma

navégame

nádame

bucéame

percibe en mis transparencias

  la inteligencia de las emociones.

Protégeme

que no se agoten mis fuerzas

la pureza que lava y resucita

el origen del reino que palpita.

Ámame

y yo seré la luz que te recorra

la caricia que calme tu memoria

el amor que alimente tus jardines

el vapor de canela en la cocina

humedades de piel bajo la luna

el oleaje, la nieve, los hervores.

Vamos a crear lo aún no creado

hombre-león de poderosa estirpe

yo tu mujer-agua

música soy para poblar tus ojos

es urgente que amemos lo que somos

que salgamos del miedo

y empecemos a dar pasos de agua

pasos de luz, pasos de luna

que atravesemos umbrales y estrategias

que nuestros hijos no miren un mar seco

un cielo adolorido, un planeta olvidado por sus dioses

que su llanto sea sólo de alegría y su cosecha,

de agradecimiento.

No me dejes morir, yo soy la vida

la pasión, la razón, el desafío

tu misión, reinstaurar el equilibrio

y fundirte conmigo hasta ser río

héroe tú, si en tus manos se salva el paraíso.

♥ Danza la Luz

Despiértame

soy el poder que yace templo adentro

la pulsión en el corazón del hombre

en la risa del niño

en la mágica voz de los delfines.

Siénteme

soy la certeza de un rayo de mil soles

la sustancia sagrada del vacío

la existencia de todo lo divino

luz que sueña en colores naturales

poderoso mantra en filigrana de aire

ígnea sabiduría de inspiraciones.

Danza conmigo

vamos a atravesar las ascensiones

las visiones del alma en paraíso

la alegría de amar nuestras creaciones.

Danza la luz

tu luz

la mía

voluntades de cósmico equilibrio

el fluir de la sangre cuerpo adentro

la belleza de ser

de enfocar en presente la conciencia.

Bailo y soy Kundalini en tus entrañas
el universo se expande en infinito
y es ahora que somos poderosos.

Hemos de levantar el pensamiento
tiempo es de transmutar
de activar nuestras manifestaciones.
Todo palpita
vibra en la belleza de las contemplaciones

somos los dioses en un planeta vivo
filamentos de amor que se reactivan

hemos de conectar hoy nuestros pasos
caminar juntos
recordar que venimos a entregarnos
a compartir el viaje
a diseñar nuestras evoluciones.

Alquimistas de la sabiduría
somos la luz que danza
el amor victorioso
la certeza de paz sobre la tierra

ahora mismo

tan eterno el espíritu y el cuerpo

tiempo es de agradecer

de cambiar las creencias

recordando que todo es energía

hologramas de nuestro pensamiento

luz creando los sueños y la vida.

♥ Vuela el Aire

Soy el aliento sagrado de la vida

las potencialidades del vacío

las sílfides de las inspiraciones

danza la diosa en mi vientre iluminado

la conciencia que activa la existencia

la inteligencia en las manifestaciones

la certeza de ser

el aleteo de todas las ideas

la sustancia esencial

soy la navegación de los vapores

el suspiro y el éxtasis

la cocción y así las sublimaciones

soy la flecha acertada del guerrero

la sustancia donde transcurre el sueño

las verdades y las invocaciones

la alegría de la cima

el fluir de los pasos del viajero.

Música soy para tu danza de amor sobre la tierra

vuelo de alquimia en estelas de universo

en mis ojos la luz viaja hacia adentro

soy las alas que emergen de tus cielos.

Respírame

llénate del elíxir del instante

del fluir del espíritu en presente

vuela el viento

navega en su voz el pensamiento

las polinizaciones

y los ordenamientos de los tiempos

sensualidades de la naturaleza

son las alas del aire

las pulsiones de todas las creaciones

el oleaje de los renacimientos

el aliento amoroso de los dioses.

4 VOCES DE LOS DIOSES

♥ Árboles de luz

En raíces de mágica poesía

se sostienen mis sueños y mis días

mis entrañas emergen de la tierra

y es el cosmos mi corazón y origen

un jardín de galaxias que florecen

árboles de luz

árboles de espíritus de ancestros

somos árboles a medio universo

el hogar el capullo el nido el beso el viento

el abrazo celeste

una danza de hojas que se encienden que cantan

que en relámpagos brillan

y mecidas de cielo seducidas de lluvia

rezan gotas de luz

beben deseo

enfrutecen y entregan sus delicias

sus néctares y peces y semillas

soy la naturaleza en fortaleza
dimensiones de íntima certeza
la belleza de estar y ser eterno
un portento

y a mis faldas se tienden los amantes
las canastas de risas las orquídeas
cuánta caricia traza sus promesas
tanto amor se destila en ramilletes de besos
éxtasis y deseo en inspiraciones
el agradecimiento y la alabanza
la profecía en rituales de ascensiones
la pasión la integración las unificaciones

hijos todos de la misma estrella
raza de soles de música ambarina
nacidos de dioses y espíritus de tierra
nuestra corteza es la piel de la certeza

somos flores de frescas resonancias
la belleza en las células del cosmos
solidez de montaña
entrañable aliento que mantiene vivo el movimiento

somos árboles y dentro lagos quietos

donde anida la transparente calma

la totalidad del ser

luz vibrando gentil y dulcemente

respiramos espacio

es lo que somos

luz ya fractalizada

fotosíntesis de arte de colores

fe en la felicidad

la confianza en las reforestaciones

y las hadas se meten en los ojos

sílfides y unicornios en creaciones se multidimensionan

son imaginaciones ya descritas

se atraviesan los velos y nos vemos

ríos de oceánidas tritones nereidas y sirenas

en mi savia navegan los mensajes de Atlántidas eternas

la genética en sangre diamantina

polvo de soles el polen de mis flores

miles de inspiraciones son mis bosques

las leyendas de luz bajo las sombras

las transformaciones en la ofrenda

árboles de luz configurados en los elementales
somos guardianes y también poetas
el sagrado eslabón con la alegría
portales dimensionales a la fantasía

la hojarasca despierta hecha de pasos
de cantos de aves rojas
y su abrazo se extiende al universo
y la lluvia regresa a bendecirnos
a extasiarnos de amor y eternidades

protectores guardianes
dioses de equilibrio
emperadores de los ecosistemas
gracias héroes por sanar la visión todo el futuro

gracias árbol
gracias bosque
conexión infinita inteligencia
en tu esencia mi universo nace se consagra
vuelven a palpitar constelaciones
en pulsiones de savia nos habitas
nos sanas
enverdeces la paz y el equilibrio

árboles poderosos magos sabios

sea la humanidad tribu despierta

útil guardiana

amorosa y luminosa sierva

árboles así hermanos y ahora ancestros

reciban nuestra ofrenda con canciones

con las voces del alma cada día

todo el amor y el agradecimiento

sea ya bendecida nuestra tierra

se ha reestablecido el equilibrio

prodigiosa existencia

iluminada conciencia

la eternidad ahora nos habita.

♥ Planta Maestra Planta Medicina

Relámpagos en la sangre de la tierra

germinan brotes de las semillas que traen las estrellas

rayos de soles navegan en sus venas

luminosos su frutos y sus hojas

sanadores influjos

nos liberan confortan y despiertan

gracias resinas coníferas hierbas cortezas

pistilos lianas esporas y raíces

líquida sabiduría en gotas de luna

humo sagrado aliento iluminado

el bocado de amor hecho conciencia

poderosa visión se ha activado

cada flor y alimento

en perfumados néctares nos sanan

percepciones mandálicas y etéreas

la reunión de las almas en un sólo universo

la confluencia de esencias en feliz existencia

somos uno

integrados por plantas aire y fuego

somos seres de híbridos saberes

y códigos de luz ya revelados

de profundos alientos y el poder de crear nuevos jardines

ahora mismo

con el corazón en movimiento

la poesía desbordando de los dedos

en plenitud

en agradecimiento

en la belleza de todo lo que vibra y ama el cuerpo

el sorbo del café

la capa hecha de lluvia

los duendes y las tribus

el beso de los cisnes en los lagos de papiros y lotos

pacha mama y hikuri y abango

boldo anís comino hierba buena canela sándalo y durazno

hongos y ayahuasca Santa María y San Juan San José y San
Antonio

ofrecer a la tierra la jornada

la granada

el suspiro hecho abrazo del aire en un campo de guayabas

el frescor de la vida que se activa florece

abre sus mariposas y nos mece

todas las hermanas de clorofila gracias

fotosíntesis en milagrosos días

la belleza nos brindan la bebemos

y en sus cálices de sensual poder

se sostiene el elíxir prodigioso

vida eterna

un espejo es la naturaleza

cada órgano humano corresponde a una planta y lo

preserva lo restaura lo reactiva en total conocimiento

la eternidad está en el pensamiento

gracias planta maestra planta medicina

gracias arte tan bello maestro.

*

Un nahual te acompaña

en chamánicos cantos tú descansas

sientes la vida entrar al respirarte

duermes y entre flores despiertas

se abre ante el pensamiento la certeza

ya las revoluciones nos alcanzan

cornucopias de las prosperidades

tu destino se traza con la risa.

Gracias dioses y diosas de la tierra

al espíritu sabio que habita las flores

y también a la Santa María

infinita es tal sabiduría

útil y sanadora guía bendita

en tus alas de flor y paraísos

hongos y selvas bosques pasos descalzos en lluvia de
noche

en hologramas y místicas voces

nuestras maestras plantas nos conducen

reactivan la belleza la simpleza

el instante sagrado hecho de ahoras

sea la humanidad agradecida

sea mi corazón portal de arte

de luminosa magia así palabra

para decirle gracias a la estrella que ilumina la tierra y su

poesía

gracias caminos de la inteligencia

de la intuición y la ciencia

de la creación que es música infinita

gracias bosques y selvas y universos

que sigamos amando y floreciendo.

♥ Espíritu de la Rosa

En plegaria de pétalos abiertos

hoy postrada de luna

son raíces llenándose de agua

son perfumes en vuelo de proverbio

son las rosas que nacen a mi encuentro

en abrazo de arte y fina esencia

el espíritu abre sus compuertas

entra en mi sangre el arte de la diosa

navega en mis arterias la belleza

las pupilas del sol hoy se despiertan

y mi pecho es diamante

luz de rosa amorosa me envuelve en terciopelo

y soy todos completos los rosales

filamento de estrella en la mañana

emperatriz de mágicos planetas

sana con tus encantos mis caminos mis pasos mis

misiones

sean mis ojos sólo tus canales

y que se vea la luz por mis arterias

llena en sabiduría y en belleza

de humildad y paz y con paciencia

estas danzas sagradas a la tierra

que en mi cuerpo templo crezcan flores

paraíso mi abrazo enamorado

lléname de tu esplendor divino

rosa mística virgen templo río

haz de mí un poema prodigioso

la criatura de letras encarnadas

piel sagrada para dar fe de tu magia

diosa de extasiadas alegrías

el milagro de renacer al día

cuando las rosas se abren para todos.

El espíritu de la rosa habla

después de días y semanas murmura su íntimo perfume

agradeciendo

entrega uno su vida al poderoso espiral que nos sublima

y esa esencia nos limpia

navega las arterias las historias las creencias

llena de dulzura y miel la óptica y así la perspectiva

el mensaje es vernos en el espejo de su místico proceso

ser los pétalos

dar la luz así el néctar

la poesía profunda que nos crea

beber agua y sol hasta abrir nuestras constelaciones

abrazar el día y deleitarnos en sus inspiraciones

rosa blanca del alma

color rosa de la virtud y la femenina calma

roja de la pasión la tierra el sustento

y el sagrado corazón del hombre

gracias diosas de anaranjado amor

y amarillas abundancias

gracias magas

sean mis versos una ofrenda de amor y agradecimiento

bendiciones de luz a esta tradición sagrada

donde la tierra despliegue su abundancia

su poder curativo su alegría su templanza

en shamánico canto y cósmico poema

que Ometéotel Pakal Xochiquétzali Chalchihuícatl

Coyolxauqui Quetzalcóatl Netzahualcóyotl dioses y diosas

de los elementales el éter las estrellas la tierra

iluminen las transformaciones

despertares de razas y de especies

amanecer en felices dimensiones

mil oasis en despliegue de rosas

polinización liberación y trascendencia

gracias tradición

por tu claridad y por tu transparencia

gracias gran espíritu

amor puro en este día sagrado

voz de mariposas en mis labios

dulce lengua de colibrí que canta

que en éxtasis vuela y también danza

espiral es el ojo de la rosa
un mandala en jardines de esperanza
la belleza en despliegue de maestría
mágica evolución que nos contempla
el amor infinito en evidencia.

♥ Tierra de Amor

En agradecimiento nos recibes

raza de las estrellas

en tus ojos la paz de nuestro origen

hogar para los que aman sea la Tierra

y que la humanidad en bendiciones

valore generosa la abundancia

las semillas de las resurrecciones

barco de luz a medio firmamento

un planeta de agua y de diamante

una ofrenda para los corazones

las auroras boreales se despiertan

filamentos de alma que se elevan

danza de plegarias que se entregan

hembra diosa mujer sacerdotiza de luz

poesía de barro

enigmático y místico tu origen

naces entre galaxias

eres un ser sagrado

fuego hay en tus entrañas

la existencia del ser manifestado

eres calma refugio y alimento

sanadora maestra madre diosa

tierra de bendiciones y milagros

tierra azul tierra blanca tierra verde

y roja y eterna y dulce y suave

amarilla plateada anaranjada morada satinada

sensual inteligencia

arena seducida por la luna

música mineral en tus montañas

vengo a reconocerte

a honrar tu poder tu perfección tu estirpe

a bendecirte

a amarte

a leerte mi corazón en pétalos de letras

somos el mismo espíritu

energía de las transmutaciones

poesía de multidimensiones

tiempo de respetar

tiempo de agradecer

reconocer al ser y así honrarlo

la congruencia nos guía

somos seres de amor

una tierra de amor nos necesita

es propicio volver a los ancestros

al ritual por la paz

y a la visión sagrada del balance

que los pasos no hieran a las piedras

mientras las alas extienden sus galaxias

es momento de regresar al río

al silencio

a la estrella que otorga los deseos

encontrar valentía en las misiones

encender el espíritu

ir al cosmos

y en la totalidad ser decididos

amar la luz

reconocer la luz planeta adentro

y contemplar el rostro de la Diosa

poderosa mágica extasiada

una tierra de amor feliz y amada

y en sus ojos nuestra alma reflejada.

5 VOCES DE INFINITO

♥ **Afirmaciones de Amor a la Vida y a la Tierra**

Rayos de luz y amor protegen mi planeta.
Vivo en un mundo feliz y maravilloso.
Me purifico cada vez que respiro.
Me unifico con las partículas del universo.
Me adapto a los ciclos y a los cambios y me fortalezco.
Confío mi existencia al fluir del universo.
Todo lo que me rodea crece, evoluciona y florece.
Cada paso que doy alegra los caminos.
El oxígeno y la luz son mis alimentos.
Mantengo mi conexión con el centro de la tierra y con el
sol central de la galaxia todo el tiempo.

Activo mi talismán y lo conecto a la red de la existencia y pido que se manifieste aquí y ahora el amor infinito.

Soy una criatura feliz y agradecida que vive en el presente y comparte su hermosura.

Soy la naturaleza y la inteligencia.

Somos uno y somos poderosos.

La existencia es luminiscente.

Todo lo que existe es energía.

Hay suficiente lluvia y aire para cada ecosistema.

El alma de la tierra está contenta.

Mi luz purifica los espacios en donde me muevo.

Los árboles y las flores son muy felices y viven en paz.

Sé que soy creador de paraísos y jardines maravillosos.

Amo respirar el aire que soy.

El agua de mi planeta se purifica y fluye en equilibrio.

Los animales se desarrollan en balance natural.

Al enfocar un planeta sano, se sana automáticamente.

Gracias porque todo vive y se desarrolla bien en mi planeta.

Todo está en orden.

♥ Afirmaciones de Conciencia Ecológica

Ahorro energía.

Consciente del valor de la energía en todas sus formas la cuido, la ahorro, la protejo y comparto estas ideas con los demás.

Vivo en la certeza de que entre todos beneficiamos a la comunidad y al planeta con nuestras acciones.

Siento cómo la tierra está viva y todas las energías que la constituyen, siento su vida en la mía, recibo su amor y yo la amo.

Al reciclar diariamente ayudo al equilibrio y fluyo mejor cada día.

Amar el ecosistema y ayudar a que se mantenga sano es algo que nos llena de orgullo y de alegría.

Somos ejemplo de las generaciones futuras, es nuestra misión vivir y educar con conciencia de comunidad y planeta.

Consumir lo menos posible materiales no reciclables es uno de los desafíos que supero cada día mediante el conocimiento y el ingenio.

Me alimento naturalmente.

Me ejercito y amo mantener mi cuerpo.

Al estar feliz recibo felicidad desde mi centro, del mundo exterior y del universo.

Al estar en paz contribuyo a la plenitud de mi entorno y del planeta entero.

Al estar consciente de que soy energía, poderosa y amorosa energía y que todo lo es, asumo que pertenezco a un todo en perfección.

Al valorar mi vida, y la vida, pertenezco y contribuyo al orden universal.

6 SINGING WATER

Hear me
From my eyes born the voice of evolutions
I am the life reverberations
Juice flowing through arteries
Blood of nature.

See me
I am wild cascade between the forest thighs
Liquid laugh in crystallization and thaw
Silver drop in the mouth of flowers.

Drink me
To be again your own flesh
Consciousness that activates energy
The sacred flow of eternities
Essence formed by the infinite love of the gods.

Awake

Jump from the dream of death.

Raise

It is time to spread the paradise

To restore the planet and reforest the universe

Cause the baby-tree is in danger

And the baby-jungle cries since she is not virgin.

Embrace me

Inhabit my millenary chant

In light breaths, the goddess dances

In my tong, Nereids dialects

In my oceanic womb, a pearl

The love of a god to a mermaid

The kiss of heaven spilled in the earth at spring.

Stay

Let us rain until we become sea, mist, froth

Sail me

Swim me

Dive me

Perceive in my transparences the intelligence of emotions.

Protect me

So my strength do not get exhausted

The purity that cleans and revives

The origin of the palpitating kingdom.

Love me

I will be the light that surrounds you

The caress that unwinds your memory

The love that feeds your gardens

The cinnamon mist in the kitchen.

Skin wetness under the moon

The waves, the snow, the simmer.

Let us create the uncreated

Lion-man of powerful lineage

Me, your water-woman

I am music to settle at your eyes

It is urgent that we love what we are

That we leave the fear

And start to walk in water steps

Light steps, moon steps.

That we cross borders and strategies

So our sons do not meet a dry sea

A wounded sky

A forgotten planet by their gods

So their cry will be only of joy

Their harvest of gratitude.

Do not let me die I am the being
The passion, the truth, the challenge
Your mission, reinstate the balance
And melt with me until become river
Hero, if in your hands the paradise is saved.

7 EL AUTOR
GUIOMAR CANTÚ SUÁREZ

Escritora y Artista Visual, cuenta con estudios de Licenciatura en Literatura Dramática y Dirección de Teatro en la UNAM, y con el Diplomado en Creación Literaria por la Escuela de Escritores de SOGEM. Diplomados de psicología, conciencia y artes.

Autora de más de treinta libros publicados y audio libros producidos, más dos reconocimientos por su poesía ecológica, HABLA LA TIERRA, Premio Nacional de Poesía Ecológica 2000, por la Secretaría del Medio Ambiente, Recursos Naturales y Pesca; y CANTA EL AGUA, Premio Por el Agua con tu Palabra 2006 por la Secretaría de Cultura y la Secretaría del Medio Ambiente del Gobierno del Distrito Federal.

Actualmente se especializa en la producción de libros y audiolibros e imparte talleres de creación literaria y redacción, y temas de evolución de la conciencia. También realiza presentaciones y lecturas de sus libros y audiolibros, así como exposiciones de sus cuadros.

www.guiomarcantu.com /

guiomar_cantu@yahoo.com.mx

Cel. 5548816923

Número de Registro: 03-2008-081413480700-14